Unsere Erde

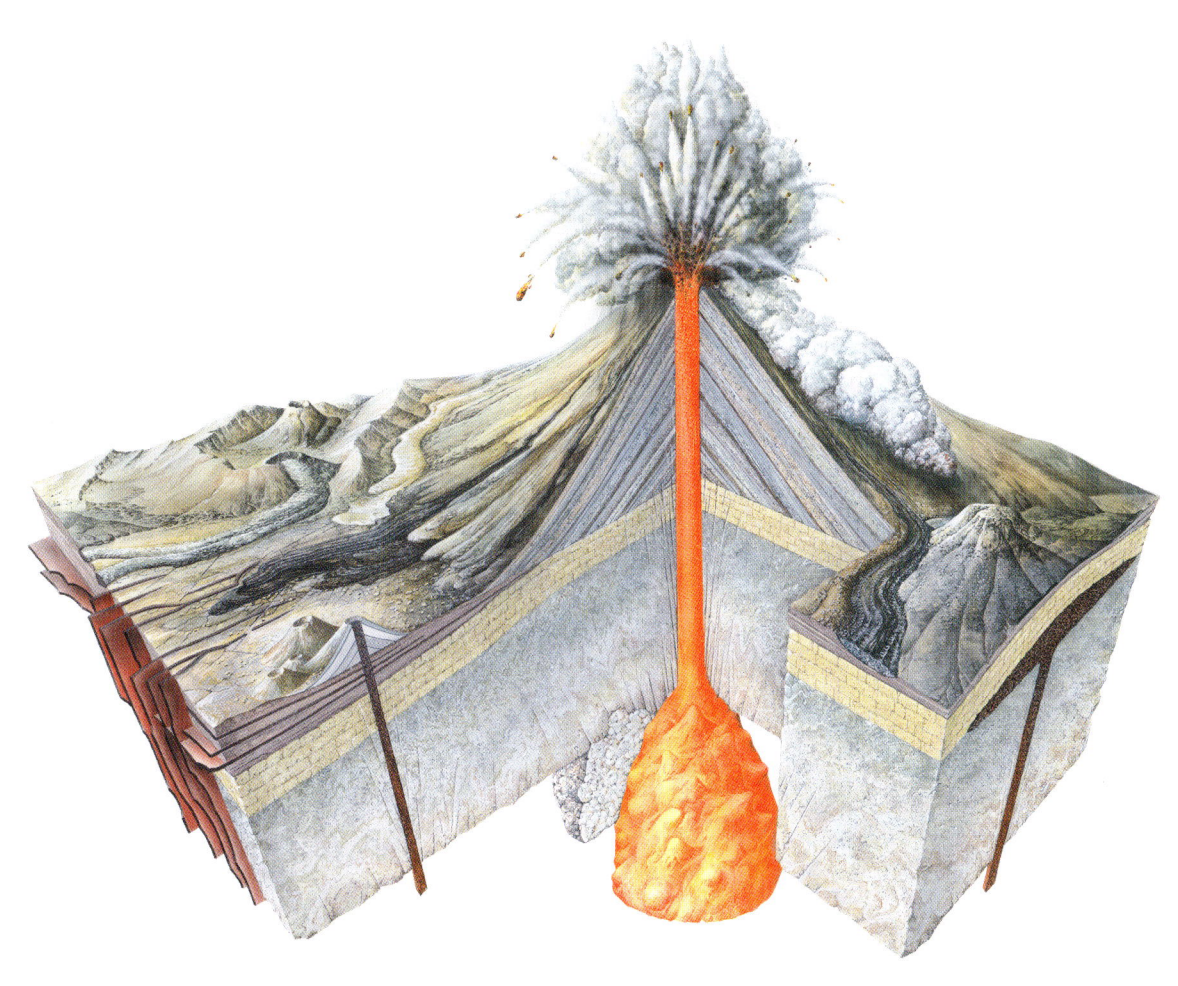

Tessloff Verlag

Idee und Konzeption Rachel Coombs,
Nicholas Harris, Sarah Harrison, Sarah Hartley,
Emma Helbrough, Orpheus Books Ltd.

Text Nicholas Harris

Fachberatung Susanna van Rose
Übersetzung Lioba Schafnitzl

Illustrationen Gary Hincks und Peter Dennis

Copyright © 2005 Orpheus Books Ltd.
2 Church Green, Witney, Oxfordshire, OX28 4AW

Copyright © 2005 (deutsche Ausgabe)
Tessloff Verlag, Nürnberg

ISBN 3-7886-1445-5

INHALT

EINLEITUNG

Die Erde ist eine gewaltige, sich drehende Kugel aus Gestein. Sie ist einer von neun Planeten, die um die Sonne kreisen. Ihre Oberfläche besteht zu zwei Dritteln aus Wasser, den Meeren, und aus Landmassen, den Kontinenten. Eine Lufthülle, die Atmosphäre, umgibt unseren blauen Planeten.

REISE INS ERDINNERE

Unsere Erde ist von einer dünnen Schicht aus Gestein umgeben, der Erdkruste. Darunter liegen verschiedene, sehr heiße Schichten. Die erste Lage, der Erdmantel, besteht aus zum Teil flüssigem Gestein. Er umhüllt den äußeren Kern aus flüssigem Metall. Im Zentrum befindet sich der kugelförmige innere Kern aus festem Eisen.

FLÜSSIGES GESTEIN

Im Erdmantel herrschen Temperaturen von bis zu 2000 Grad Celsius. Hier ist das Gestein zähflüssig, wie heißer Teer auf einer neuen Straße. Dieses Gestein, das man Magma nennt, steht unter sehr großem Druck. Es kann passieren, dass das Magma an dünneren Stellen der Erdkruste explosionsartig durchbricht. Auf der Erdoberfläche beobachten wir dann einen Vulkanausbruch.

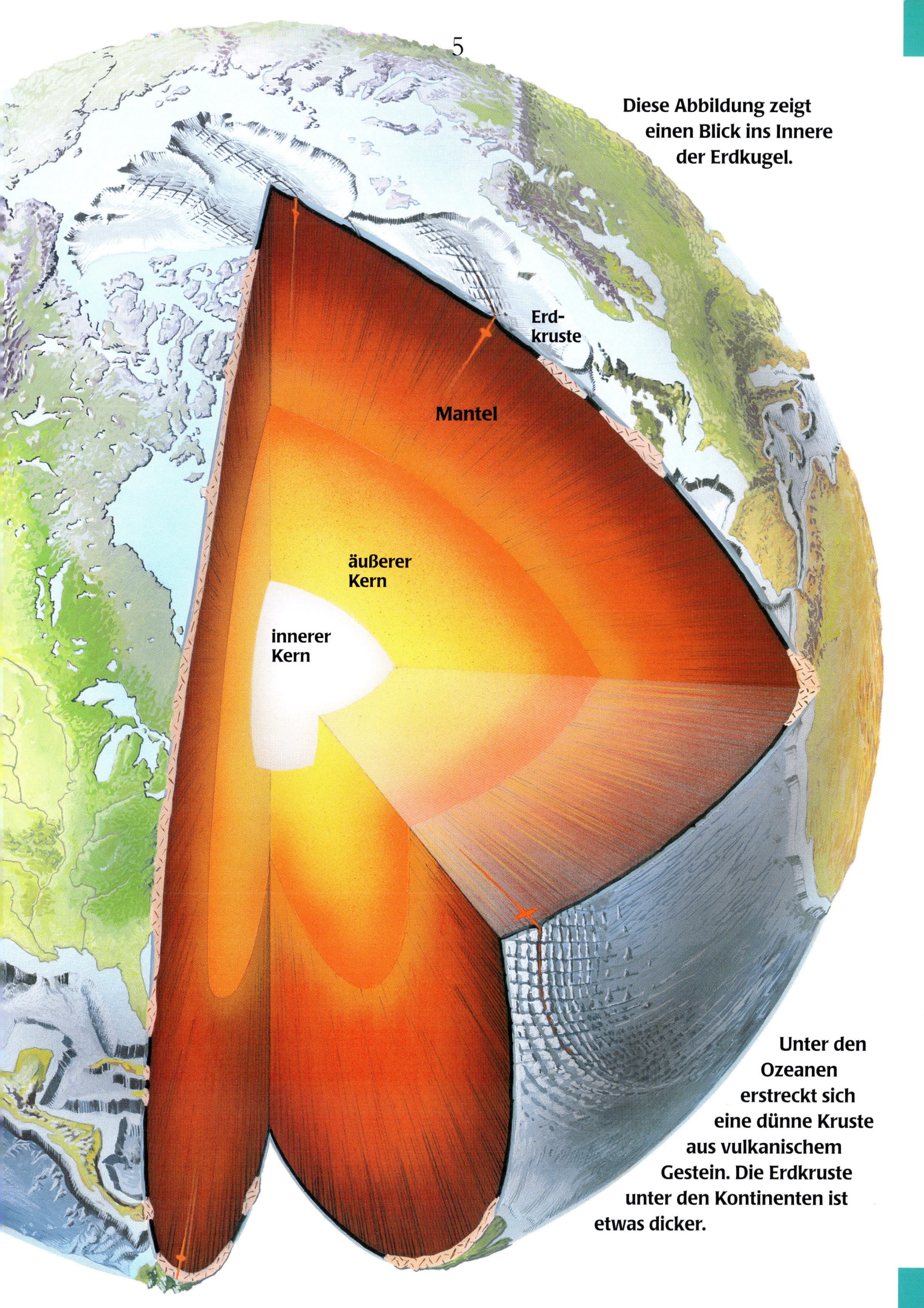

Diese Abbildung zeigt
einen Blick ins Innere
der Erdkugel.

Erd-
kruste

Mantel

äußerer
Kern

innerer
Kern

Unter den
Ozeanen
erstreckt sich
eine dünne Kruste
aus vulkanischem
Gestein. Die Erdkruste
unter den Kontinenten ist
etwas dicker.

TEKTONISCHE PLATTEN

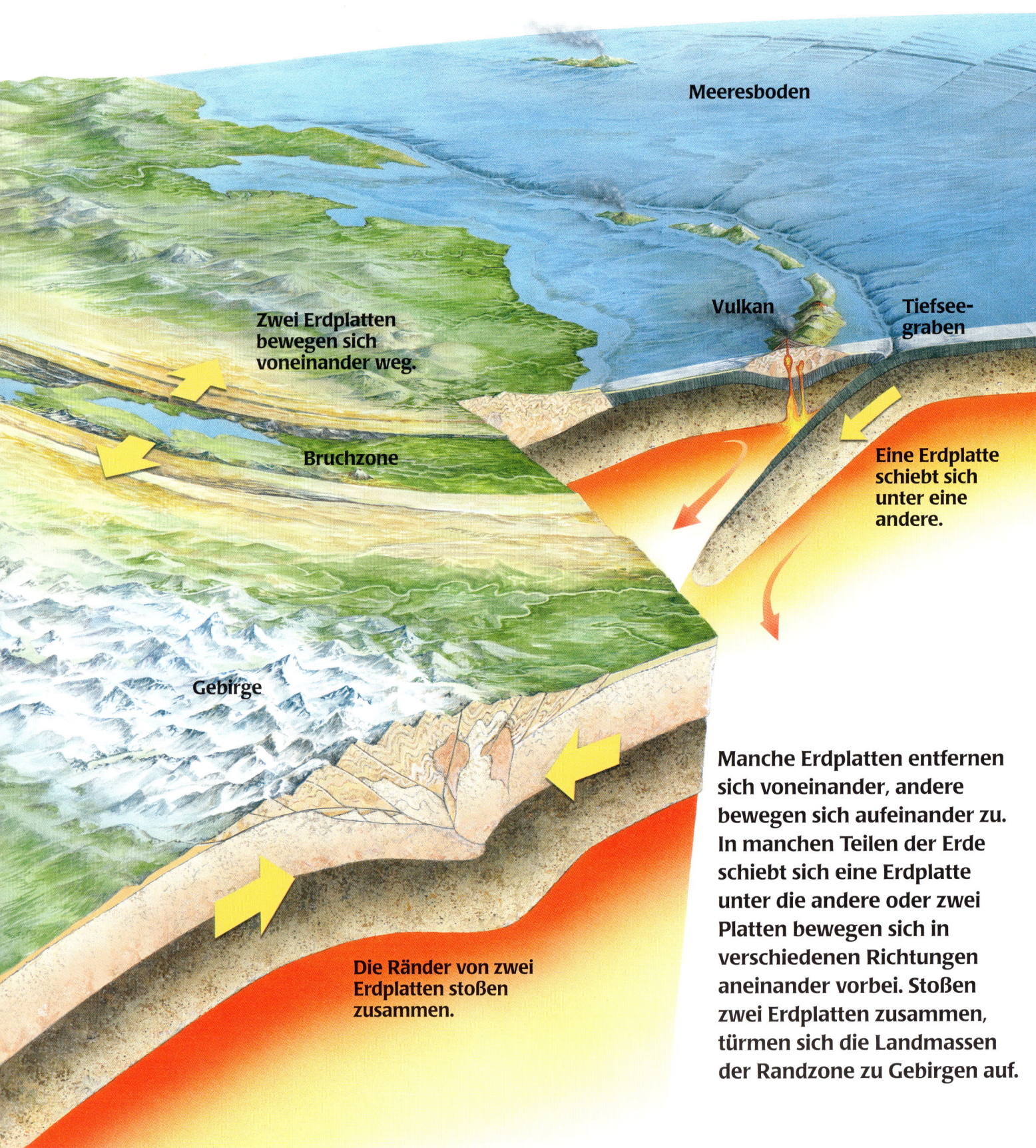

Meeresboden

Vulkan

Tiefsee-graben

Zwei Erdplatten bewegen sich voneinander weg.

Bruchzone

Eine Erdplatte schiebt sich unter eine andere.

Gebirge

Die Ränder von zwei Erdplatten stoßen zusammen.

Manche Erdplatten entfernen sich voneinander, andere bewegen sich aufeinander zu. In manchen Teilen der Erde schiebt sich eine Erdplatte unter die andere oder zwei Platten bewegen sich in verschiedenen Richtungen aneinander vorbei. Stoßen zwei Erdplatten zusammen, türmen sich die Landmassen der Randzone zu Gebirgen auf.

Hier ist ein Querschnitt der Erdkruste dargestellt. Die gelben Pfeile zeigen die Bewegungsrichtung der Erdplatten an.

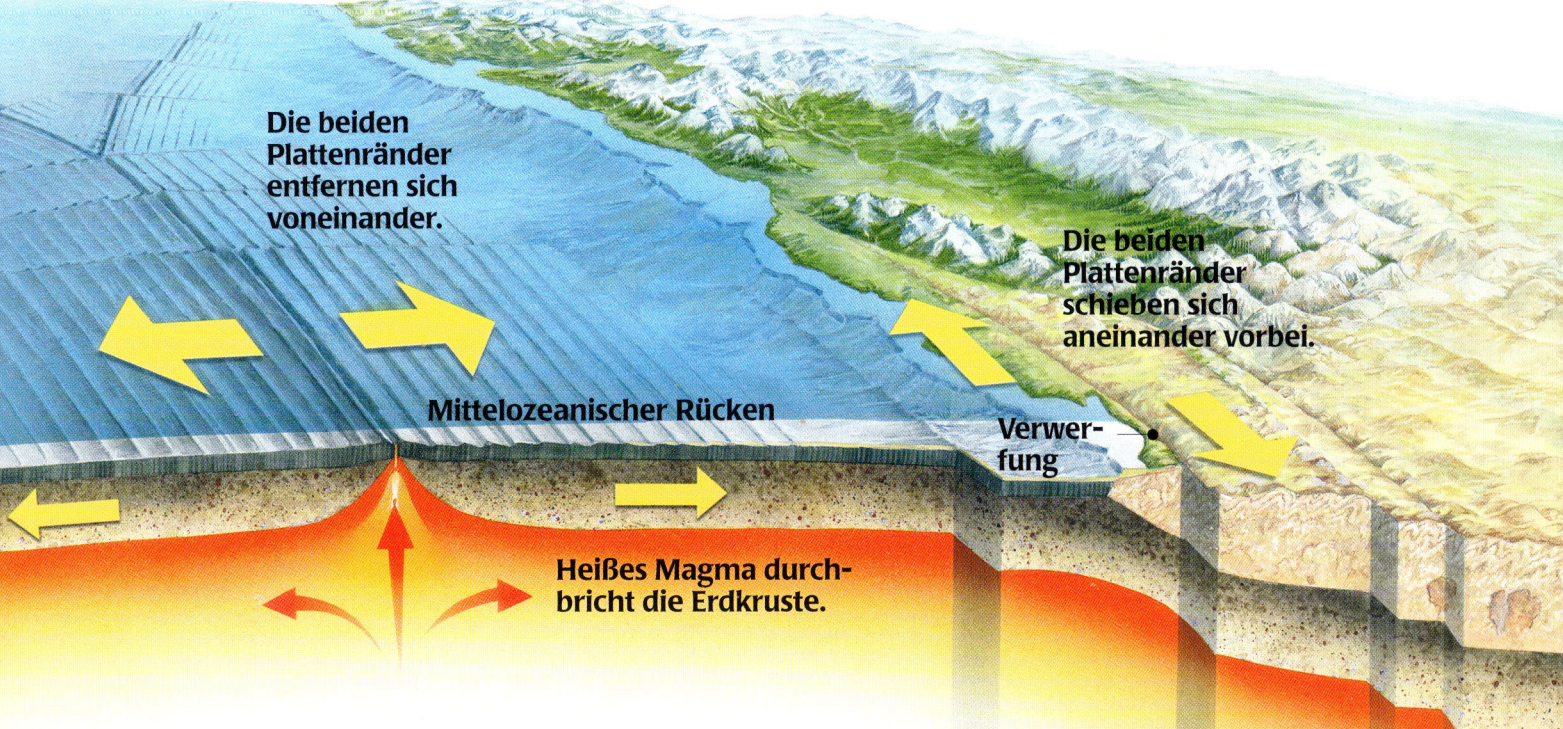

Die beiden Plattenränder entfernen sich voneinander.

Die beiden Plattenränder schieben sich aneinander vorbei.

Mittelozeanischer Rücken

Verwerfung

Heißes Magma durchbricht die Erdkruste.

Die weißen Linien auf dem Globus kennzeichnen einige Ränder der tektonischen Platten. Eine der Randzonen zieht sich wie ein gewaltiger Riss mitten durch den Atlantischen Ozean.

Wie in einem gigantischen Puzzle setzt sich die Erdoberfläche aus etwa 15 Einzelteilen zusammen, den tektonischen Platten. Sie sind ständig in Bewegung, verschieben sich dabei aber nur um wenige Zentimeter im Jahr. Manchmal verhaken sich ihre kantigen Ränder und lösen sich plötzlich wieder voneinander. Dadurch kommt es zu Erdbeben.

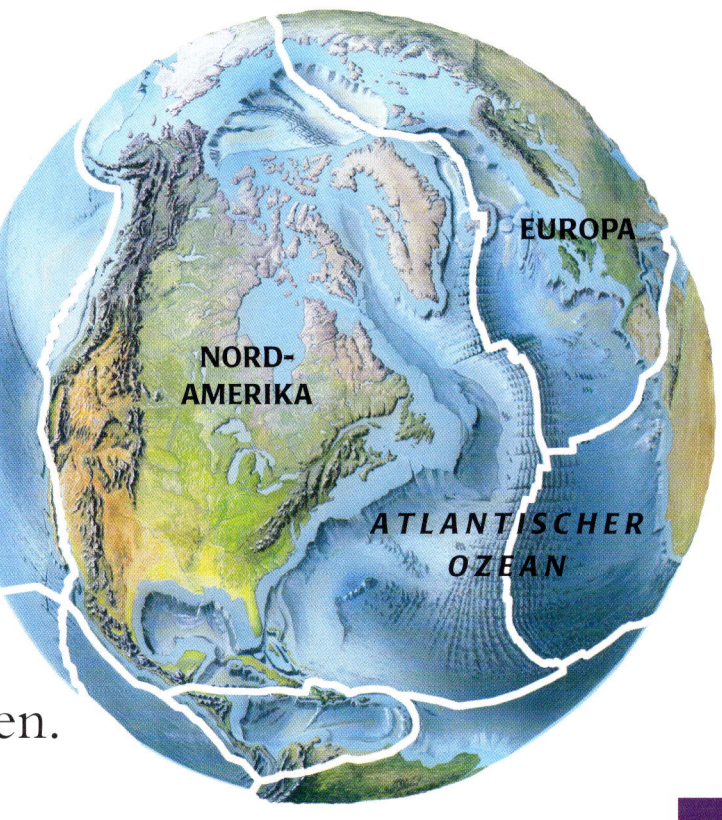

EUROPA

NORD-AMERIKA

ATLANTISCHER OZEAN

VULKANE

Ein Vulkan ist eine Öffnung in der Erdkruste, durch die Magma (geschmolzenes Gestein) an die Oberfläche tritt. Die meisten Vulkane sind kegelförmige Berge mit einem Krater. Bei einem Vulkanausbruch werden große Mengen von Lava (ausgestoßenes Magma), Asche und Staub in die Luft geschleudert. Sie lagern sich im Lauf der Zeit in Schichten übereinander und lassen den Vulkan anwachsen.

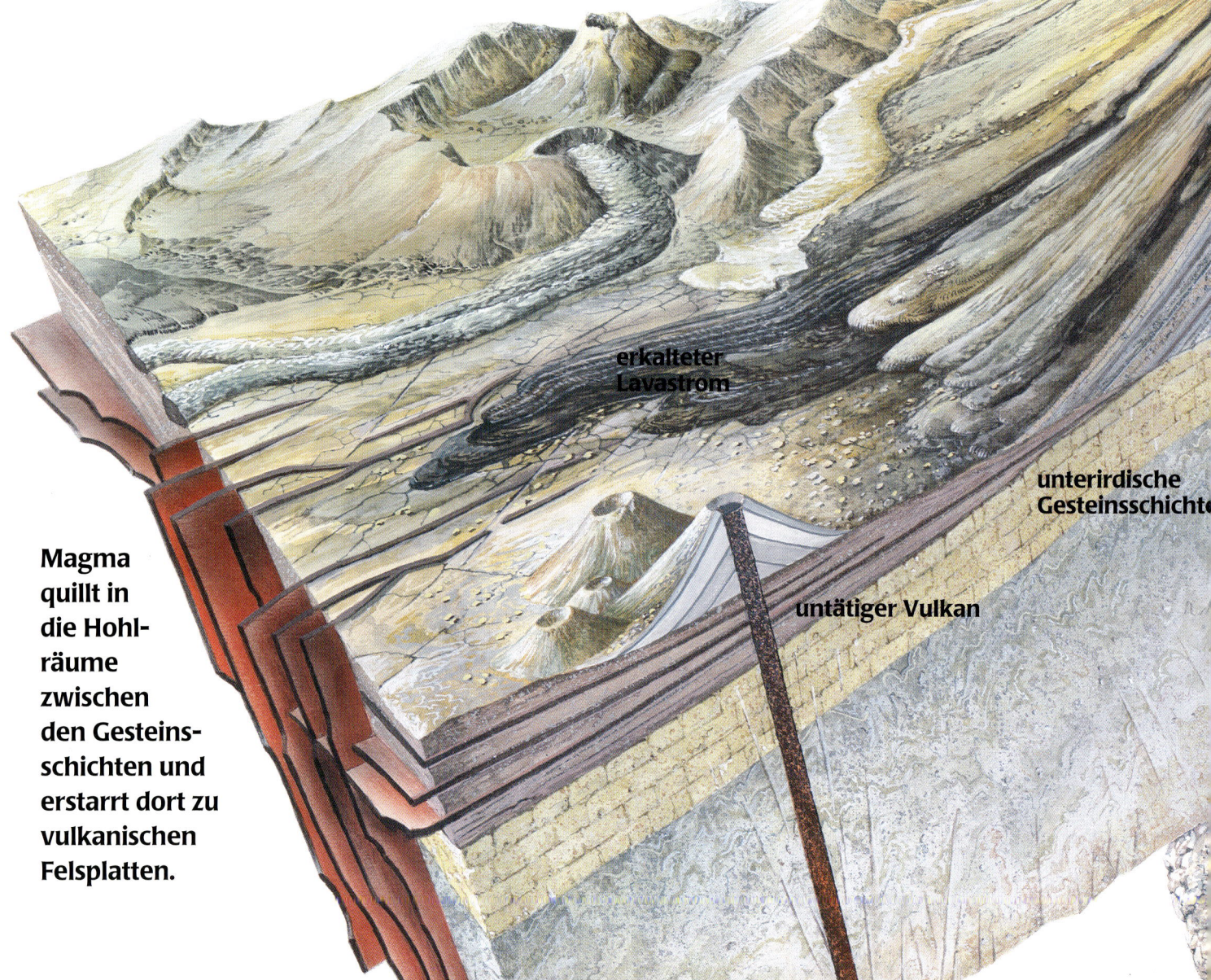

vulkani Bomber

erkalteter Lavastrom

unterirdische Gesteinsschichte

untätiger Vulkan

Magma quillt in die Hohlräume zwischen den Gesteinsschichten und erstarrt dort zu vulkanischen Felsplatten.

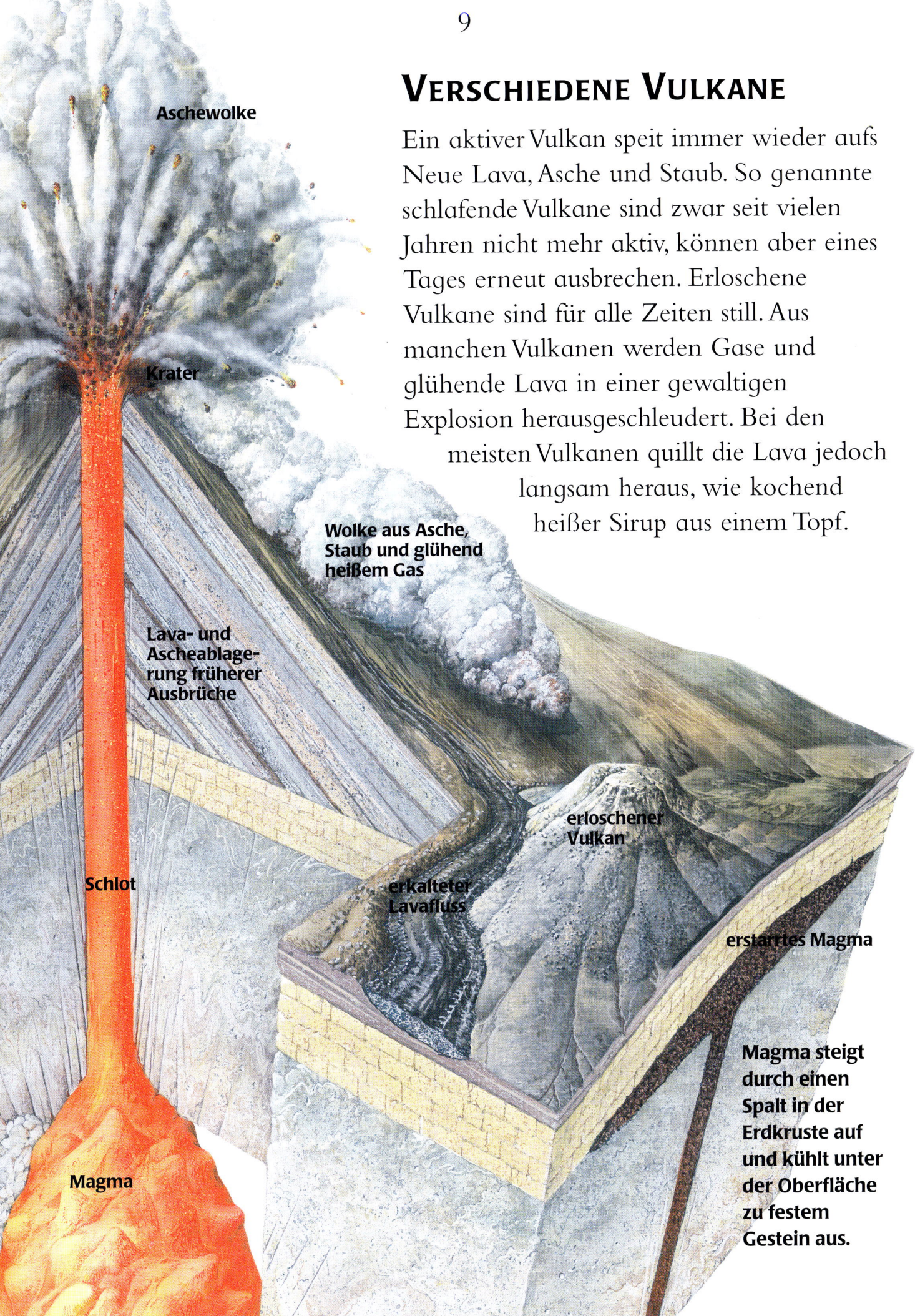

Aschewolke

Krater

Wolke aus Asche, Staub und glühend heißem Gas

Lava- und Ascheablagerung früherer Ausbrüche

Schlot

Magma

erloschener Vulkan

erkalteter Lavafluss

erstarrtes Magma

Magma steigt durch einen Spalt in der Erdkruste auf und kühlt unter der Oberfläche zu festem Gestein aus.

VERSCHIEDENE VULKANE

Ein aktiver Vulkan speit immer wieder aufs Neue Lava, Asche und Staub. So genannte schlafende Vulkane sind zwar seit vielen Jahren nicht mehr aktiv, können aber eines Tages erneut ausbrechen. Erloschene Vulkane sind für alle Zeiten still. Aus manchen Vulkanen werden Gase und glühende Lava in einer gewaltigen Explosion herausgeschleudert. Bei den meisten Vulkanen quillt die Lava jedoch langsam heraus, wie kochend heißer Sirup aus einem Topf.

ERDBEBEN

Bei einem Erdbeben schwankt der Boden unter unseren Füßen. Wenn zwei tektonische Platten aufeinander treffen oder sich übereinander schieben, geht mitunter ein Ruck durch die beweglichen Gesteinsmassen der Erdkruste. Denn manchmal verkeilen sich die Erdplatten, bis sie dem großen Druck nachgeben und ihre Randzonen auseinander brechen.

DEM ERDBODEN GLEICH

Erdbeben richten besonders in Städten große Schäden an. Die ruckartige Bewegung des Untergrunds bringt Gebäude und Brücken zum Einsturz. Die Erschütterung lässt Rohre bersten und Kabel reißen. Nachfolgende Brände und Überschwemmungen verwüsten ganze Stadtviertel.

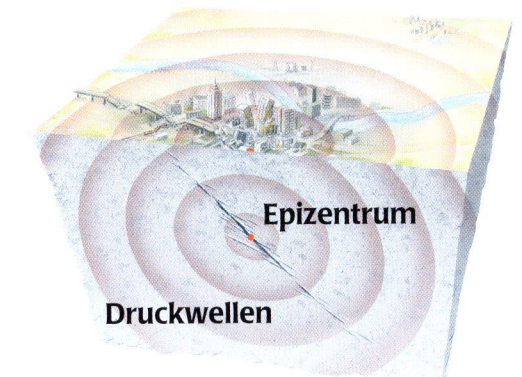

Epizentrum

Druckwellen

DRUCKWELLEN

Wo sich die Erdplatten plötzlich voneinander lösen, befindet sich das Epizentrum des Erdbebens. Druckwellen breiten sich kreisförmig aus. Ein leichtes Beben lässt den Untergrund nur wenig erzittern. Bei einem schweren Beben schwankt der Boden heftig mehrere Minuten lang.

TSUNAMI!

Ein Tsunami wird durch ein Erdbeben am Meeresboden verursacht. Ein Erdrutsch löst Wellen aus, die sich schnell ringförmig ausbreiten. In der Nähe der Küsten türmen sich diese Wellen zu meterhohen Wassermassen auf.

WIE ENTSTEHT GESTEIN?

Die Erdkruste besteht aus festen Gesteinsschichten. Sie erstrecken sich unter dem Erdreich der Kontinente und tief unter dem Meeresgrund. Oft kann man an küstennahen Klippen farblich

verschiedene Lagen erkennen. Jedes Gestein setzt sich aus einer Mischung bestimmter Mineralien zusammen.

Der Wind trägt feine Bruchteile des Gesteins ab.

Flüsse tragen die Ablagerungen mit sich fort.

Bei einem Vulkanausbruch wird Lava herausgeschleudert.

Sedimentgestein

metamorphes Gestein

aufsteigendes Magma

Aufsteigendes Magma erhitzt das Gestein in der Umgebung und verändert dessen Struktur. Metamorphes Gestein entsteht aber auch unter dem Druck von Erdbewegungen (*siehe Seite 7*).

In dieser Darstellung siehst du einen Teil der Erdkruste. Wind, Wasser und Gletschereis tragen das Gestein ab. Winzige Bruchstücke, das so genannte Sediment, werden in Seen und Meere gespült.

Der Gletscher löst Steine aus dem Fels und schiebt das Geröll vor sich her.

magmatisches Gestein

Sediment setzt sich an der Fluss-mündung ab.

Mehrere Sediment-schichten lagern sich auf dem Meeresboden ab.

Ozean

Sedimentgestein entsteht auf dem Meeresgrund.

Gesteinsschichten der Erdkruste

STEIN AUF STEIN

Steine können sehr verschieden sein. Man unterteilt das Gestein in drei Hauptgruppen: Magmatisches Gestein, wie Granit oder Basalt, bildet sich aus erhärtetem Magma (*siehe S. 8*). Sedimentgestein, wie Sand- oder Kalkstein, entsteht aus Sand, Schlamm und anderen Gesteinsteilen oder den Überresten von Lebewesen. Metamorphes Gestein, wie etwa Marmor oder Schiefer, formt sich unterirdisch unter großer Hitze oder großem Druck.

Viele staubfeine Ablagerungen werden in die Meere gespült. Dort lagert sich Schicht um Schicht auf dem Boden ab. Unter dem Gewicht wird das Sediment zusammengepresst, bis festes Gestein entsteht. Erdbewegungen tragen die Schichten des Sedimentgesteins über Jahrmillionen hinweg zurück an die Oberfläche.

FLÜSSE

Flüsse sind natürliche Wasserläufe. Sie befördern Regen und Schneeschmelze von den Bergen in das Flachland, wo sie die Binnengewässer und Meere speisen. Die Kraft des fließenden Wassers trägt das Gestein ab. Diesen Prozess nennt man Erosion.

Strom-schnellen

toter Flussarm

Flusswindungen (Mäander)

Der Fluss Sambesi in Südafrika stürzt in den Victoria-Fällen 128 Meter in die Tiefe.

WASSERFÄLLE

Ein Wasserfall entsteht, wo ein Fluss über eine Klippe in den Abgrund stürzt, aber auch da, wo sich Gestein im Flussbett leicht abtragen lässt.

Flussabwärts wird der Strom träger. Nebenflüsse münden in den Hauptstrom und machen ihn breiter. Der Fluss schlängelt sich in großen Bögen und Windungen, die man Mäander nennt, über die Ebenen.

Schmelzwasser des Gletschers

Bergsee

Wasserfall

Flussmündung

Meer

Jeder Fluss fängt klein an: als Quelle, als Schmelzwasser eines Gletschers oder als Regenwasserpfütze, die nicht versickert. In der Nähe seines Ursprungs ist der Fluss ein schnell fließender Bach mit einem steinigen Bett. Das Wasser reißt Erde und Schlamm mit sich.

MÜNDUNGSZONEN

Bevor ein Fluss ins Meer fließt, wird er in der Flussmündung breiter. Süß- und Salzwasser vermischen sich dort. Die Gezeiten, Ebbe und Flut, verändern hier ständig den Wasserpegel.

Schließlich mündet der Fluss im Meer. Manchmal verzweigt er sich im Mündungsgebiet zu einem breiten Delta.

Delta

HÖHLEN

Höhlen entstehen durch unterirdische Wasserläufe, die das Gestein ausschwemmen. Auch die Brandung des Meeres, die gegen die Klippen schlägt, lässt Hohlräume im Gestein entstehen. Kalksteinhöhlen bestehen meist aus mehreren Kammern, die über Tunnel und Schächte verbunden sind. In vielen Höhlen gibt es sogar unterirdische Seen.

Kalkstein-
hügel

Schluckloch

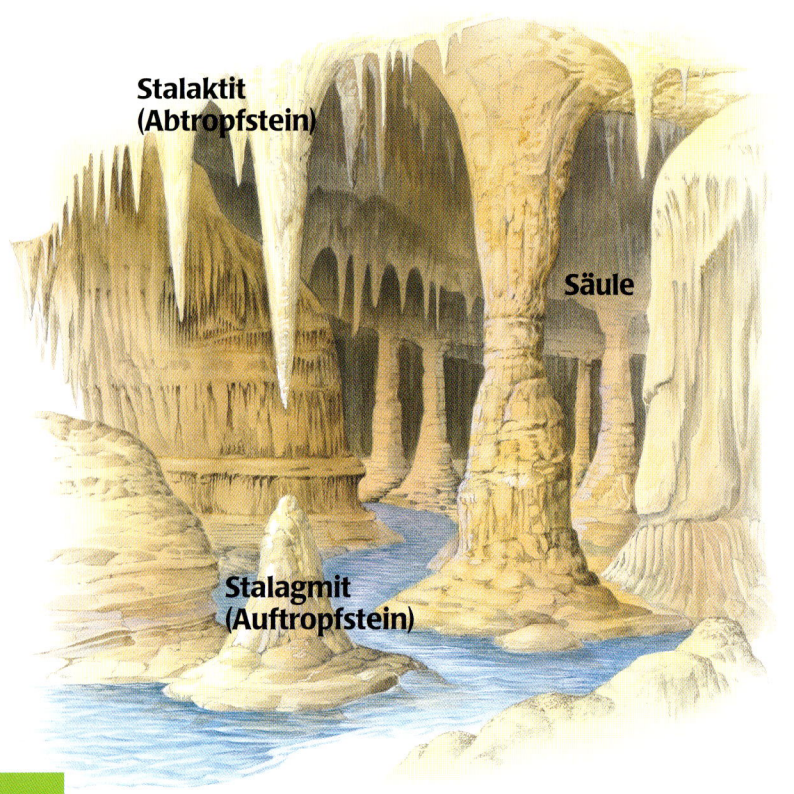

Stalaktit
(Abtropfstein)

Säule

Stalagmit
(Auftropfstein)

STALAKTITEN UND STALAGMITEN

Tropft Wasser von der Höhlendecke, bildet der darin gelöste Kalk über viele Jahrtausende hinweg Stalaktiten, die wie Eiszapfen herabhängen. Stalagmiten „wachsen" dort empor, wo die Tropfen am Boden auftreffen. Manchmal verbinden sich beide Tropfsteine zu einer Säule.

Querschnitt durch ein Kalksteingebiet

KALKSTEINHÖHLEN

Kalkstein sieht wie hartes Felsgestein aus. Er besitzt jedoch Millionen von Rissen, die sich bei Regen mit Wasser füllen. Über viele Jahre hinweg trägt der Regen den Kalkstein ab. Er vergrößert dabei die Risse und bildet so Höhlen.

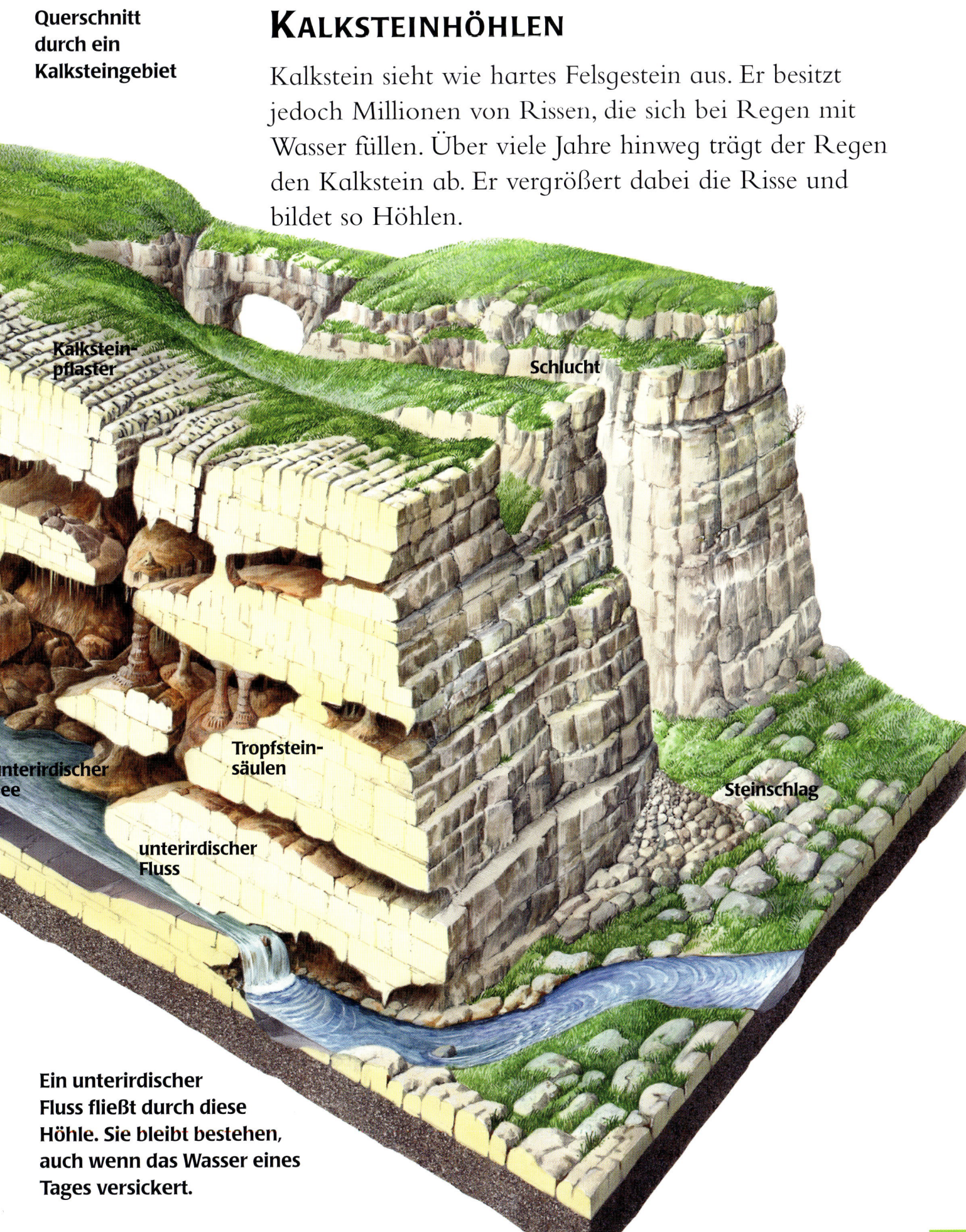

Kalkstein-pflaster

Schlucht

unterirdischer See

Tropfstein-säulen

Steinschlag

unterirdischer Fluss

Ein unterirdischer Fluss fließt durch diese Höhle. Sie bleibt bestehen, auch wenn das Wasser eines Tages versickert.

GLETSCHER

Ein Gletscher ist eine mächtige Eisdecke, die sich langsam in das Tal schiebt. Das Eis entsteht aus Schneeschichten, die unter ihrem Gewicht zusammengedrückt werden. Hat er eine bestimmte Stärke erreicht, kommt Bewegung in den Gletscher.

Bergkessel (In dieser Vertiefung entsteht der Gletscher.)

Die Moränen zweier Gletscher treffen aufeinander.

Endmoräne

Schmelzwasserbäche

EISWALZEN

Schiebt sich ein Gletscher ins Tal, löst er lockeres Gestein aus dem Untergrund und trägt es mit sich fort. Das Geröll bleibt in breiten Bändern, den Moränen, liegen. Treffen zwei Gletscher aufeinander, vereinigen sich auch deren Moränen. Auf dem Weg ins Tal schmilzt das Eis schließlich an der Gletscherzunge. Dort häuft sich das Geröll zu Hügeln, den Endmoränen, auf. Bewegt sich ein Gletscher über einen Steilhang, bilden sich Gletscherspalten.

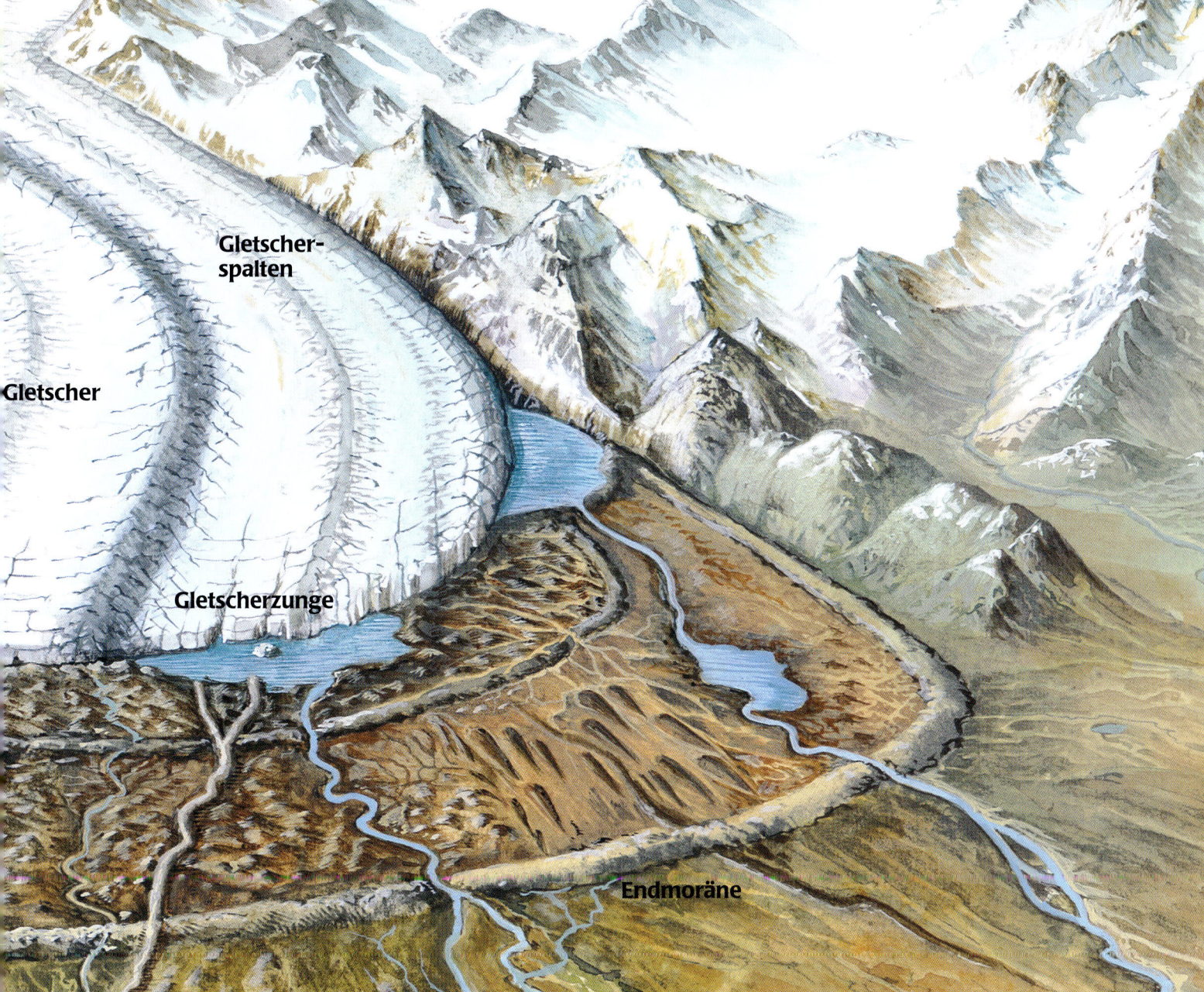

Gletscher-spalten

Gletscher

Gletscherzunge

Endmoräne

WÜSTEN

Manche Wüstengebirge sind oben abgeflacht. Man nennt sie Tafelberge.

Wadi

Felsenbogen

Wüsten entstehen in regenarmen Gebieten. Mit Ausnahme kleiner fruchtbarer Oasen findet man dort kaum Spuren von Leben. Viele Menschen stellen sich Wüsten als endlose sandige Weiten vor. Tatsächlich ist nur jede fünfte heiße Wüste eine Sandwüste. Der überwiegende Teil besteht aus blankem Fels oder Kies. Auch die Antarktis zählt zu den Wüsten, denn dort fällt kaum jemals Schnee.

Tafelberg

Heftige Wüstenwinde schleifen das Gestein ab. Es entstehen bizarre Gebilde wie die Felsenbögen. Pilzförmige Säulen entstehen, wenn Sandpartikel in bodennahen Winden den Stein abtragen, bis nur noch ein dünner Hals übrig bleibt.

Bei schweren Regenfällen füllen sich in kürzester Zeit tiefe Schluchten, die Wadis, mit Wasser.

pilzförmige Felsen

Salzton-ebene

Bläst der Wind konstant in eine Richtung, türmt sich der Sand zu halbmondförmigen Sicheldünen auf.

Oase

Sanddünen

Sicheldünen

WASSER

Die Weltmeere enthalten 97 Prozent des gesamten Wasservorkommens der Erde. Auch die Atmosphäre birgt Wasser, nämlich in Form von Wolken. Es fällt als Regen oder Schnee zur Erde und gelangt über die Flüsse wieder ins Meer. Dieser Wasserkreislauf beginnt immer wieder aufs Neue. Er ist auf der ganzen Welt gleich.

Wasserdampf wird vom Wind fortgetragen.

Wolken bilden sich.

Wasserverdunstung an der Meeresoberfläche

Regen fällt über dem Meer.

VERDUNSTUNG UND KONDENSIERUNG

Erwärmt die Sonne das Wasser der Meere, Flüsse oder Seen, verdunstet es: Es wird zu Wasserdampf, einem unsichtbaren Gas, das in die Atmosphäre aufsteigt. Dort wird es von Luftströmungen transportiert. Steigt das Gas hoch, kühlt es ab und verflüssigt sich (kondensiert) um winzige Staubteilchen herum. Millionen solcher Tröpfchen bilden schließlich eine Wolke.

Eis- oder Wassertropfen fallen als Schnee oder Regen herab.

Wolken entstehen.

Wasser verdunstet aus Pflanzen, Flüssen oder Seen.

Flüsse tragen das Wasser über das Land zum Meer.

Ein Teil des Wassers versickert im Boden. Dieses Grundwasser kann eines Tages wieder ins Meer fließen.

Ein großer Teil des Verdunstungswassers der Meere fällt dort unmittelbar als Regen wieder herab.

DER WASSERKREISLAUF

Ein Teil des Wassers, das aus den Meeren verdunstet, erreicht als Wasserdampf das Landesinnere. Während der Wasserdampf hoch in die Luft steigt, kondensiert er und fällt als Regen oder Schnee auf die Erde. Flüsse tragen das Wasser zurück ins Meer. Der Wasserkreislauf beginnt von Neuem.

WETTER UND WOLKEN

Als Wetter bezeichnen wir bestimmte Vorgänge in der Atmosphäre: Regen oder Schnee, Hitze oder Frost, Sturm oder Windstille. Die Sonnenenergie hat großen Einfluss auf unser Wetter. Warme Luft steigt nach oben und wird durch kältere Luft ersetzt. Es entstehen Winde. Diese Luftströmungen transportieren Wasserdampf von einem Gebiet in das andere (*siehe S. 22 und 23*). Aus dem Wasserdampf entstehen Wolken.

Wolken bilden sich in unterschiedlichen Höhen. Sie können sehr verschieden sein: fedrig, flauschig oder flach.

**hohe
Schleierwolke
(Zirruswolke)**

**hohe
Streifenwolke
(Zirrostratus)**

**hohe
Schäfchenwolke
(Zirrokumulus)**

**Gewitterwolke
(Kumulonimbus)**

**mittelhohe
Schichtwolke
(Altostratus)**

**mittelhohe
Schäfchenwolke
(Altokumulus)**

**niedrige Schicht-
haufenwolke
(Stratokumulus)**

**Haufenwolke
(Kumulus)**

**tiefe Schichtwolke
(Stratuswolke)**

sehr dichte tiefe Schichtwolke (Nimbostratus)

WOLKEN UNTER DER LUPE

Eine Wolke besteht aus Millionen winziger Wassertröpfchen oder Eiskristallen. Kondensiert Wasserdampf in der Atmosphäre, lagern sich die Tröpfchen an Staubteilchen an (*siehe S. 22*). Fallen die Temperaturen unter den Gefrierpunkt, verwandeln sich die Wassertropfen in Eiskörnchen. Werden sie zu schwer, fallen sie als Schnee oder Regen zu Boden.

TRÜBE TAGE

Nebel oder Dunst sind nichts anderes als bodennahe Wolken. Kühlt feuchte Luft in der Nacht ab, bilden sich Tröpfchen, die als Nebelschwaden knapp über dem Boden schweben. Nebel entsteht auch dann, wenn feuchte Luft über einen Berg hinwegzieht.

Nachts kühlt der Untergrund schnell ab. Bodennaher Wasserdampf kondensiert und schlägt sich als Tau auf Pflanzen und sogar Spinnennetzen nieder.

Fällt die Temperatur unter den Gefrierpunkt, verwandelt sich der Tau in eine dünne Schicht funkelnder Eiskristalle, den Raureif.

STÜRME

Stürmisches Wetter bedeutet heftige Winde und schwere Regen- oder Schneefälle. In manchen Teilen der Erde führen gewaltige Wirbelstürme wie Hurrikane und Tornados zu schweren Schäden und sogar zu Todesopfern unter der Bevölkerung. Starke Regenfälle und Schneestürme lösen Überschwemmungen aus. In Bergregionen droht zudem Gefahr durch Lawinen oder Erdrutsche.

BLITZ UND DONNER

Gewitter entstehen durch feuchtwarme Luftmassen, die schnell aufsteigen. Die Wassertropfen oder Eiskörnchen in den Wolken stoßen gegeneinander und laden sich elektrisch auf. Am Himmel sieht man dann grelle Blitze. Durch die Hitze des Blitzes dehnt sich die Luft in der Umgebung explosionsartig und unter lautem Donnern aus.

HURRIKANE

Ein Hurrikan ist ein tropischer Wirbelsturm. Er wird durch warme, feuchte Luft ausgelöst. Diese steigt hoch über dem Meer auf und beginnt sich spiralförmig zu drehen. Wolken entstehen, die sich in schweren Regengüssen entladen. Heftige Winde wirbeln um den windstillen Mittelpunkt, das „Auge" des Sturms. Ein Hurrikan, der über bewohntes Land fegt, kann großen Schaden anrichten. Er entwurzelt Bäume und lässt Autos umstürzen.

Ein Tornado ist eine wirbelnde Luftsäule, die sich mit bis zu 500 Kilometern pro Stunde dreht. Am Boden kann der Tornado auf nur 100 Metern Durchmesser mit so gewaltiger Kraft wüten, dass er alles zerstört, was auf seinem Weg liegt.

JAHRESZEITEN UND KLIMAZONEN

In vielen Teilen der Erde verändert sich das Wetter im Wechsel der Jahreszeiten. Die Elemente des Wetters, wie etwa Regenmenge, Winde oder Temperaturen, findet man in den einzelnen Regionen der Erde in unterschiedlicher Ausprägung. Diese Wetterbedingungen ergeben zusammen das Klima einer Region.

KLIMAZONEN DER ERDE

Heiße Klimazonen liegen am Äquator. Dort ist die Erde der Sonne am nächsten. Sonnenferne Regionen, wie die Polarkappen, sind dagegen sehr kalt. Dazwischen befinden sich gemäßigte Klimazonen mit warmen Sommer- und kühlen Wintermonaten.

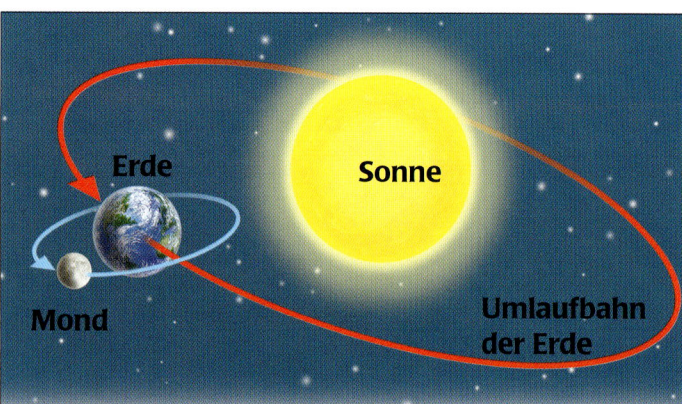

Erde **Sonne**

Mond **Umlaufbahn der Erde**

KREISENDER ERDBALL

Die Erde umkreist die Sonne in knapp 365 Tagen. Der Mond dreht sich in etwa 27 Tagen einmal um die Erde, die alle 24 Stunden einmal um die eigene Achse kreist.

NORD-AMERIKA

SÜD-AMERIKA

🟩	Tropen
🟨	Wüsten
🟧	gemäßigte Zonen
🟪	winterkalte Zonen
⬜	Polarregionen
⬜	Gebirge

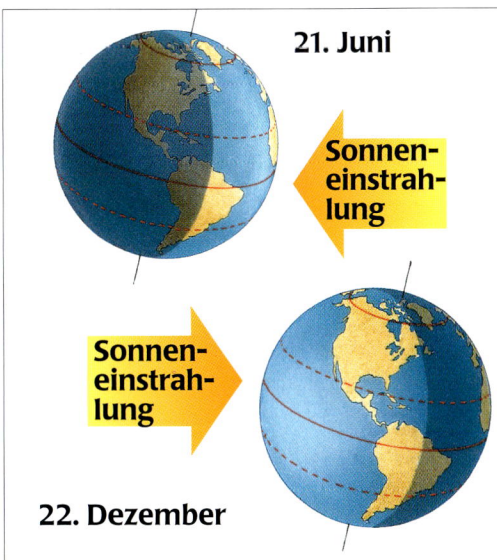

21. Juni

Sonnen-
einstrah-
lung

Sonnen-
einstrah-
lung

22. Dezember

DIE JAHRESZEITEN

Die Achse, um die sich die Erde dreht, ist leicht gekippt. Neigt sich die nördliche Erdhalbkugel zur Sonne, ist dort Sommer. Später im Jahr erreicht die südliche Erdhalbkugel die größte Nähe zur Sonne. Dann ist dort Sommer. Gleichzeitig befindet sich die nördliche Halbkugel in sonnenferner Position und damit in den Wintermonaten.

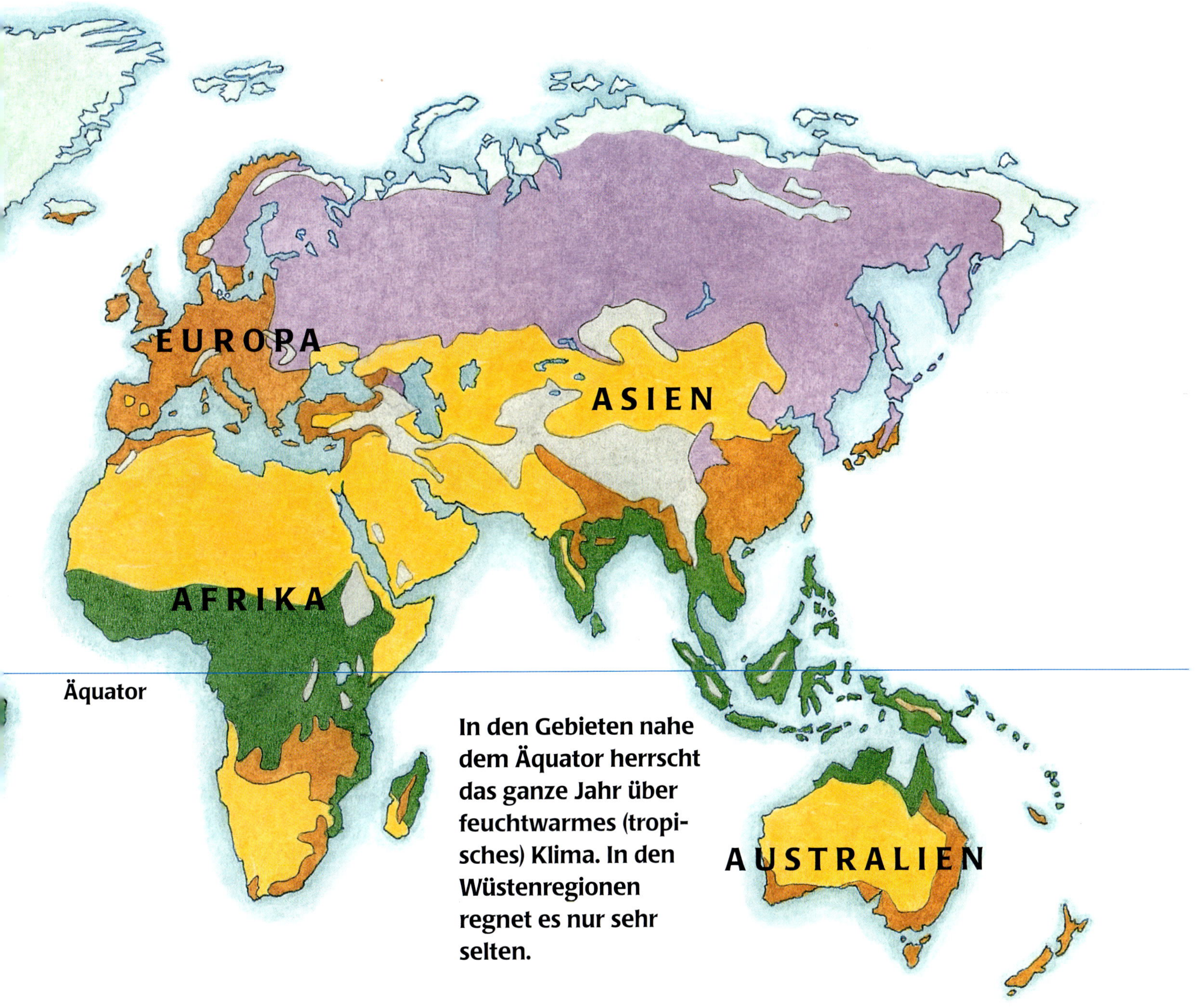

EUROPA

ASIEN

AFRIKA

Äquator

In den Gebieten nahe dem Äquator herrscht das ganze Jahr über feuchtwarmes (tropisches) Klima. In den Wüstenregionen regnet es nur sehr selten.

AUSTRALIEN

GLOBALE ERDERWÄRMUNG

Unsere Erde wird immer wärmer. Seit dem vergangenen Jahrhundert steigen die Durchschnittstemperaturen auf der Erde unvermindert an. Man befürchtet, dass das Eis der Polkappen schmilzt, sodass der Meeresspiegel steigt. Eine Veränderung des Erdklimas könnte die Folge sein.

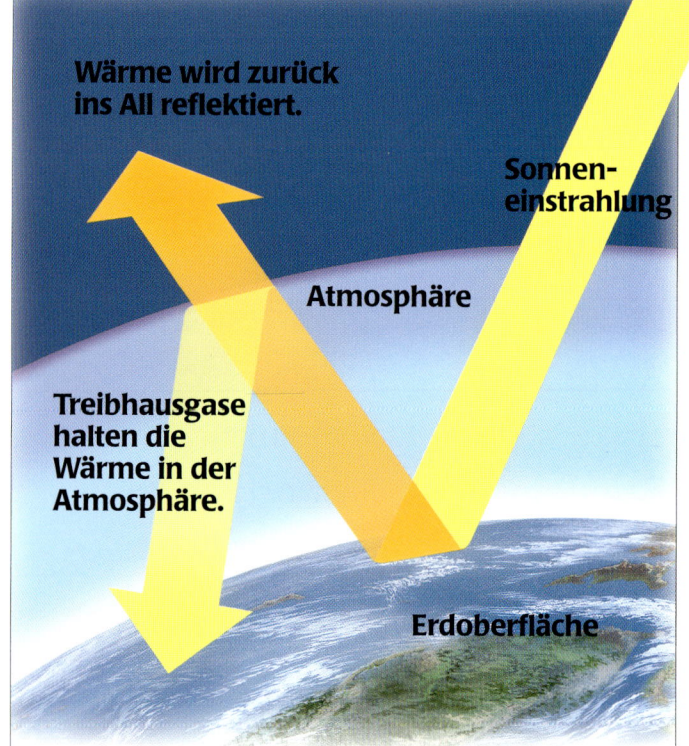

Wärme wird zurück ins All reflektiert.

Sonneneinstrahlung

Atmosphäre

Treibhausgase halten die Wärme in der Atmosphäre.

Erdoberfläche

DER TREIBHAUSEFFEKT

In der Erdatmosphäre befinden sich Gase, die wie das Glas eines Treibhauses einen Teil der Sonnenenergie zurückhalten. Dadurch erwärmt sich die Erdoberfläche.

WARUM WIRD ES WÄRMER?

Die weltweite Erwärmung ist wahrscheinlich auf den Treibhauseffekt zurückzuführen *(siehe Abbildung links)*. Der Mensch ist für den gewaltigen Anstieg von Treibhausgasen – wie etwa Kohlendioxid – in unserer Atmosphäre verantwortlich. Fahrzeuge und Kraftwerke stoßen Verbrennungsgase fossiler Rohstoffe wie Öl oder Kohle aus. Milliarden Tonnen Kohlendioxid gelangen so in die Atmosphäre. Pflanzen verwandeln zwar das Kohlendioxid wieder in Sauerstoff, aber die weltweite Zerstörung der Wälder verringert die Zahl der Pflanzen, die das Gas aufnehmen können.

Schmilzt das Eis der Polarregionen, könnte der Meeresspiegel ansteigen und viele küstennahe Städte überfluten. Um diese Katastrophe zu verhindern, müssen wir Menschen den Ausstoß der Treibhausgase einschränken, indem wir fossile Brennstoffe einsparen.

INDEX